Lim Bong-Joo

시인 임봉주

꽃화살 바람의 춤

시인 임봉주/ 林奉珠

해남 땅끝에서 출생하여, 성장하였으며
1998년 첫 시집『지상에서 꿈꾸는 천상』발표하며 시단에 나옴.
내항문학회원, 한국문인협회회원

꽃화살 바람의 춤

지은이 | 임봉주
펴낸이 | 설보혜
펴낸곳 | Poetics 시학
1판 1쇄 | 2008년 12월 20일
출판등록 | 2003년 4월 3일
주소 | 서울 종로구 명륜동1가 42
전화 | 744-0110
FAX | 3672-2674

값 6,000원

ISBN 978-89-91914-55-1 03810

임봉주 시집

꽃화살 바람의 춤

Poetics 시학

■ 시인의 말

첫 시집을 내고 난 뒤 벌써 10년의 세월이 지났다
그동안 많은 일들이 일어났다
운명이라고 해도 받아들이기 어려운 일들과
아픔의 시간들
그래서 더욱 꽃을 가까이하게 되었는지도 모른다
꽃을 가꾸면서
아름다운 꽃들도 저마다 드러내지 않는
아픔이 있음을 깨달았다
남은 세월
아픔을 태워 세상을 밝히는 꽃들처럼
나도 그렇게 살 수 있었으면 좋겠다

2008년 가을
임봉주

차 례

제2부 요술세상

제3부 가슴에 박힌 별

제1부

꽃화살

망울망울 부풀어 오르던 진달래 꽃망울

뾰족뾰족 새빨간 솜 화살촉을

파아란 하늘 향해 쑤우우 - 쏘아 올리면

목련

해마다 목련이 피는 계절이 오면
내 가슴앓이는 시작된다
다시는 기다리지 말자
하얀 날개를 펴고 날아가 버린 새에 대해
다시 돌아오지 않는 청춘을
그러나 다시 찾아온 봄
하이얀 목련꽃송이 솜처럼 가벼운 날개 펴 날아갈 듯
파들거리면
피지 못한 나의 꿈은 목련송이 따라 피어올라
손 뻗쳐도 닿을 수 없는 높은 곳에
순수했던 젊은 날 꿈으로 찾아와 설레다
또 꿈처럼 가 버리는 목련꽃
해마다 목련이 피는 계절이 오면
내 하얀 가슴에 상처 남기고 날아가 버린 새의 종적
그 아픔에 젖어든다

나목들

2월의 뜰을 거닐면
안개 속에서
무수한 촉수를 허막한 하늘 향해 내밀고
묵묵히 기도하는 나목裸木들

아무도 없는 여명에
나무여
너의 비원은 무엇이기에
그토록 절절히 간구하느냐

표피는 금수처럼 억새고 우악스런 자여
그러나 돌아서서 참회할 줄 아는 자여

너의 염원이 그토록 절절하건만
저기 천상天上엔들 안 들리리

허나, 막막한 하늘엔 소라껍질처럼
열린 귀 없어

천 날 애원한들 어찌하리
한사코 기도하는 나무여

마네킹

휘황한 네온사인이
내 알몸 구석구석까지 비출 수 있지만
가슴속 그늘은 지울 수 없네
내 사랑 그대에게 전하려 해도
투명한 유리벽 너머 그대는 아스라이
내 손끝에 닿지 않는 곳
거리엔 인파가 넘실거리고
인파 속에 그대 모습 아른거려도
달려가 소리쳐 부를 순 없네
하얗게 바래 버린 가슴에 붉은 피 돌아가게 할
그대의 뜨거운 입술을 열망하는 난,
마네킹
투명한 우리벽 속에 갇혀서
나날이 창백한 그리움으로 화장하는 난,
마네킹

내 마음 언제나

내 마음은 언제나
그리움의 샘
연모의 정情 보낼 길 없어도
늘 마알간 그리움이 솟아나 졸졸
넘쳐 흐른다
지금 어디엔가 있을
그리운 님 향해
열두 폭 비단에 수놓으며
꿈결처럼 기다리고 있을
내 그리운 님 향해
넘쳐 흐른다
님의 그리움 또한 그러하거늘
우리 어느 날에
갈잎 나부끼는 강가에서
꿈처럼 만나려나

꽃들도 아프구나

봄처녀
젖몸살 앓는 대지처럼
내 몸도 봄몸살 앓아눕고 난 뒤 바라본
꽃밭은 새삼스럽다

바람에 흔들리는 저 하얀 목련 송이송이
가지마다 불붙는 박태기꽃
눈보라 치는 겨울의 혹독한 아픔을
백옥인 양 하얀 꽃물로
핏빛인 양 붉은 꽃물로 밀어 올려서
아픈 세월 깎아낸 꽃보석
온 몸 열정 다해 터뜨리는구나
꽃이 아름답다
함부로 희롱하지 말자
꽃은 긴긴 날 아픔 맺힌 결정인 것

능소화

7월이면 내 뜰에
종가 댁 여인네의 맵시처럼
기품 있는 꽃으로 찾아와
무더운 여름 내내 송이송이 피어
푸른 잠에 빠진 적적한 뜰을 밝히다가
갈 때는 통꽃 채로 뚝뚝 떨어져
세상사 인연을 버리는 고결함을 지닌
그러나 넉넉한 마음씨 간직한 꽃
능소화 피는 계절이 오면
내 가슴도 능소화 닮아 짙게
주황색으로 물들다
능소화 뚝뚝 떨어져 지는 날은
내 마음도 능소화처럼 산화해 버린다
오늘은 하지夏至
아마도 능소화 여인 꽃신 신고
사박사박 오실 채비하시겠지

박태기

봄은 개나리 울타리에서
민들레 저고리에서
노랑 물감 칠하며 다가오는데

따스한 봄볕은
두툼한 목련의 겨울옷 벗겨내고
박태기 마른 가슴에다 불을 지르네

터벅터벅 가야 하는
메마른 보릿고개 길은 멀어라
배고픈 민초들 보아라
저 밥풀떼기꽃 필 때면 기필코
질긴 보릿고개 길 넘어가야 하느니

불붙는 밥풀떼기꽃 닮은
고봉밥 한 그릇 배 터지게 얻어먹으려면
민초들아, 허기진 가슴에 불을 놓아
메마른 고갯길 어기차게 넘어가야 하느니

피 터져 타오르는 저 불꽃 보아라
보릿고개 넘다 쓰러져 간
붉게 타는 넋들

동자꽃

아기 스님
이제 방에 들어가세요
칼바람이 귀띔하며 지나갑니다

아기 스님
더 밖에 계시면 안 돼요
꽁꽁 얼어 버릴 수 있어요
눈보라가 귀띔하며 지나갑니다

동자승은 더욱 마음을 굳게 먹습니다
큰스님이 오시지 않았는데
어찌 내가……
걱정되어 들어갈 수가 없었습니다

눈보라는 밤새 몰아치고
끝내 큰스님은 오시지 않고
깊은 산속 암자 마당에서 꽁꽁 얼어 죽은
동자승 서 있던 자리에

피어난 동자꽃 슬픈 전설
동자승 볼을 닮아
저 주황빛 여린 꽃잎으로 피어나는 꽃

오래된 밤나무

내가 사는 곳 뒷산에
오래된 밤나무 한 그루 있어
어느 날 그 밤나무 밑을 지나다
밤나무 섧게 눈물 흘리고 있어 살펴보니
온몸이 상처투성이인 채
퍼런 풋밤송이마저 떨어뜨리고
두려움에 흐느끼고 있어
밤나무 아래 놓인 큼직한 돌멩이 들어다
멀리 던져 버린 후, 다음 날
그 밤나무 밑을 지나자
밤나무는 내가 지금까지 본 가장 큰
알밤을 툭, 툭 떨어뜨려 주더라
다음 날도
또 그 다음 날도

외로움

외로움 그것은 어찌할 도리 없는
먼 전생前生으로부터 전해 오는 본질입니다
세상에 태어나
내 한 몸 구원받지 못하고
그 누구 하나 구원해 줄 수 없는 안타까움
나의 외로움은 허막한 하늘 우러러
두 팔 벌리고 벌판에 홀로 선 느티나무
때론 그 잎새를 스치고 지나가는 허허로운 바람결
외로움 그것은 언제나 내 안에 사는 길손입니다

그물을 던지다

잔잔한 강심에다 그물을 던지는 사람들
갈대숲 잠들어 있고
물안개 자욱한 강물 위로
물새 떼들이 나직이 날아간다
어제 끌어 올린 그물엔 희망도 절망도 아닌
하루의 양식을 바꿀 물고기가 들어 있었지
오늘 던진 그물엔 또 무엇이 들어 있을까
긴 세월 풍파를 겪어온 늙은 어부들은 안다
자신에게 진정 필요한 것 무엇인가
일용할 양식이 아닌 것들
어쩌다 황금으로 치장한 의자나 진주목걸이를 건져 올려도
그것은 곧 성글게 짠 그물을 찢어 버리고
안개 속으로 사라지고 만다는 걸
그렇지만
사람들은 오늘도
시큰한 새벽 공기를 가르고
콘크리트 빌딩 숲을 헤치고 달려나가

안개 낀 도심의 강 가운데서 그물을 펼쳐 던진다
오늘 던진 그물엔 황금의 열쇠가 들어 있을까?
애인의 휴대폰이 들어 있을까?
먼 길 떠날 수 있는 기차표라도 들어 있을까?

바람이 불어오는 곳

사람이란?
—문화로 사육되는 동물—
어떤 사람은 화를 내겠지
한 세기 전 미니스커트 처녀는 상상할 수 없었고
불과 몇십 년 전 갓 쓰고 도포 입던 양반 차림은
이제 박물관에서나 볼 수 있는데
사모관대에 자색단령 의젓한 신랑
원삼족두리에 연지곤지 찍고 꽃가마 탄 수줍은 신부 모습
이제 TV에서나 볼 수 있게 되었는데
산달에 빨간 고추, 까만 숯덩이 매달아 금줄 띄우던 풍습
풀잎제기 차고, 연 날리고, 정원대보름에 불 빼앗기
하던 세시 풍속은
이제 동화책에서나 어렴풋 헤아릴 수 있는데
사람이란 시대의 공기를 마시며 자라고
사람이란 그 시대의 울타리 안에서 사유하고 죽어

가는데

아, 어쩔거나
눈 푸른 사람들은 내다볼 수 있으리라
지금 산 너머 불어오는 저 바람이
또 어떤 변화를 몰고 올 것인지

꿈꾸는 애벌레

나는 한 마리 애벌레다
날마다 우화羽化를 꿈꾸는
7년을 땅속에서 기다리는 매미는
인고의 세월 탈바꿈 노력 끝에
껍데기 깨뜨리고 드디어
눈부신 비상을 펼쳐 보이지만
목청껏 노랫소리 뽐내 보이지만
나의 우화는 기약이 없는 소망
30년 넘게 꿈속에서 또 꿈꾸어도
벗겨내지 못한 두껍고 질긴 나의 껍데기
회자하는 단 한 편의 시
단 한마디 말
반딧불처럼 반짝반짝 비출
꼭 그날이 오리라 기도하는
느림보 족속 중의 우둔한 족속
난 오늘도 우화를 꿈꾸며 느리게 기어간다

깊은 사랑

난, 그대가 그리운
목마른 사막의 선인장
허나, 참고 연락하지 않는 건
내 안에서 타오르는 불길이 날 태우고
그대마저 태우고 말 거라는 두려움 때문
당신 향한 이 불길
당신의 사랑과 너그러움으로 잠재울 수 있을지라도
그런 뒤 찾아올 외로움의 밤들이나
번민을 안겨 주는 건
참사랑의 길 아니라는 걸
사랑이란 꺾어 소유함이 아니라
그 꽃이 피도록 보살피는 것이라는 걸
아는 까닭입니다
지난날은 행복한 시간들이었으며
그대 떠난 뒤 다시 만나지 못한다 할지라도
사랑의 꽃은 우리들 가슴속에서
피었다 지고 또 피었다 질 것이라는 걸
믿는 까닭입니다

사랑이란,

강심江心을 흐르는 물처럼 깊고 그윽한 것

꿈

가을날 오후
야시장에 가 보았네
복닥거리는 시장엔
예쁘게 치장하고 주인을 기다리고 있는
수많은 꿈 보따리들
누구 하나 거들떠보는 이 없는
시인이 되는 꿈 보따리를 사
보물 다루듯 조심조심 가슴팍에 안고 왔네
집에 와서 살짝 풀어 보니
꿈은 어디론가 사라지고 빈 보자기뿐이네
다음 날도 꿈을 파는 시장엘 갔네
이번엔 단단히 묶어
철가방에 넣고 자물쇠를 채웠지요
집에 와서 열어 보니
또 다시 꿈은 사라지고 빈 가방뿐이네
꿈을 파는 노인에게 왜 헛꿈이냐 따져 물었더니
그 노인장 말씀

인생이란, 누구나 꿈꾸는 동안은 아름다운 삶이지

그 산하는

원우 형,
기천이 형,
형들은 어디 있소
오십고개를 넘다가 사라져 간 형들은
지금 어디서 무얼 하고 있소
형들과 다니던 거리
형들과 오르던 그 산과 들은
지금도 변함없이 봄을 맞이하는데
그 등산길과 목로엔 형들의 흔적
아련히 배어 있는데
가파른 오십고개를 넘어온 우리들만 이렇게
막소주에다 정상주頂上酒 나누며
허허거리고 있소
형들이 그 옛 모습으로 올 수 없다면
혼백이라도 달려와 한잔 술 받아보소
산은 이렇게 철 따라 옷 바꾸어 입으며
변함없이 제 자리를 꿋꿋이 지키고 있건만

인생이란 한 번 가면 다시 오지 못하는 것
이 봄에도 선홍빛 철쭉꽃잎은 바람에 흩날린다오

들꽃이 되어

죽으면 다 끊어질까
얽혀진 인연 줄
죽어, 살아생전 일들 영사기 필름처럼 돌아간다면
얼마나 송연한 몰골이 되랴
가면 뒤에 숨겨진 위선의 꼬리들
품었던 불순한 동기
스크린에 낱낱이 비쳐진다면
또 얼마나 힘든 고통일까
밀려드는 모멸과 배신감 곱씹으며 얼마나 괴로워할까
나에게 엄숙히 이르나니
죽어 염라국에 불려 가
노안 된 염라왕의 착각으로
인간의 몸 받아 다시 태어나라 하면
정중히 거절하리
차라리 심산深山에 들꽃으로 태어나
지나가는 바람과 구름
뜨고 지는 별과 달
목 타는 불볕더위, 눈보라 속의 고행

스스로 선택한 나만의 길이라 고이 간직하고

덧없는 세월 속에 피었다 지리

근원

이 생명이 비롯한 곳은 끝없이 푸른 창공입니다
이 생명이 비롯한 곳은 붉게 타오르는 태양입니다
이 생명이 비롯한 곳은 맑은 시냇물입니다
이 생명이 비롯한 곳은 뜨거운 열정이 부딪쳐 빚어낸 불꽃입니다
이 생명의 종점은 떠도는 흰 구름 조각입니다
이 생명의 종점은 염천에 쏟아지는 한줄기 소낙비입니다
이 생명의 종점은 가을에 지는 낙엽입니다
이 생명의 종점은 창밖에 소복이 내리는 눈입니다
이 생명의 윤회는 돌고 돌아 눈밭 위를 뛰노는 한 마리 어린 노루 새끼입니다

꽃화살

망울망울 부풀어 오르던 진달래 꽃망울
뾰족뾰족 새빨간 불화살촉을 파란 하늘 향해
쑤우우― 쏘아 올리면
하늘은 그에 대한 답신으로
따사로운 빛화살 뿌려 주는 것이니
빛화살 맞아 터지는 꽃망울들은
꽃송이 살포시 펼쳐 빛을 안아 모으는 것이니

몽실몽실 부풀어 오르던 목련의 꽃망울
뾰족뾰족 새하얀 솜화살촉을 시린 하늘 향해
쑤우우― 쏘아 올리면
하늘은 그에 대한 답신으로
보드라운 바람화살 뿌려 주는 것이니
바람결 타고 피어나는 꽃들은
꽃잎을 안테나모양 펼쳐 바람의 방향을 감지하는 것
이니
개나리, 영산홍, 벚꽃 만발해 휘날리니

봄. 봄

꽃화살, 빛화살, 바람의 춤

아, 어질어질 어지러워 꽃그늘에 눕고픈 봄날 한때

해 질 무렵 산행

해거름에
태조산 모롱이를 돌면
저녁밥 짓는 연기가 물씬 피어 올라
아득한 추억의 강으로
나를 불러 손짓한다

어린 시절
해 저물도록 뛰어놀던
고향 하늘이 그립다

놀빛 곱게 물들 때면
몽글몽글 피어 오르던 생솔 타는 연기가
어머니 젖무덤처럼 아늑하던 그
고향 하늘이 그립다

고향 떠나 물든 세상살이 버리고
무지개 꿈 빛나던 시절로 돌아오라
손짓하면

마음은 어느덧 달려가
아련한 추억의 강가를 거닌다

나는 한때

한때 나는 위대한 시인을 꿈꾸었다
언어의 마술사
속인들은 들을 수 없는
바람의 말, 꽃들의 말
시인들만이 듣고 느낄 수 있는
환상의 언어를 따라 춤추고
몽상의 언어에 취해서 잠드는
마술의 능력을 지닌 언어를
부릴 수 있는 위대한 시인을 꿈꾸었다
젊은 날 때로 나는 느꼈다
제어할 길 없는 마력을 지닌 언어가
뇌리 속에서 별처럼 떨어져 휘날리고 박히는 걸
허나 뜨겁던 나의 열병은
일상이란 새장에 갇혀 시들어 갔다
푸른 예지는 무료함에 겨운 하품 속에 묻혀 버렸다
한때 나의 머리 위를 맴돌던 암호는,
뜨겁던 불새의 춤은,
폭풍우 치던 열정의 밤들은
지금 다 어디로 갔을까?

대구전과 리베이트

집수리할 일이 있어서
목수에게 날일을 시켰다
통성명하고 보니
본관은 다르지만 종씨宗氏 아닌가
말문이 트이자 그 목수 하는 말
다른 사람들 일감도 있으면 소개시켜 달란다
그러면 공사대금에서 이십 프로를 구전口錢으로 주겠단다
다 그렇게들 하는 것이란다
아니 쥐꼬리만큼 작은 공사에도 구전이 붙어 다니면
정작 일하는 사람 몫은 무엇 남을까
아, 뿌리 깊은 주고받기 관행이 여기까지 뻗쳤구나
작은 입놀림 값은 구전口錢이라고 하니
큰 입놀림 값은 대구전大口錢이라고나 할까
지불 받은 돈, 뚝 잘라서 되돌려 주는 것을
리베이트라 하더군
무너진 성수대교 상판에 깔려 있던 그건 무엇이었든가
대구전과 리베이트라는 밧줄

봄 길목에서

아직도 시린 봄 길목에서
움을 부풀리는 수목들
이 순간에도
지구덩어리 한쪽에선 꽃 피고
다른 한쪽에선 눈 내리고 있지만
인간들은 오가는 계절에다 이름 붙이고
우주를 측량하고 헤아린다
허나 영겁永劫한 흐름 앞에
우리네 인생이란
잠시 깜박이는 빛에 지나지 않는 것
나뭇가지를 흔들고 지나가는 저 바람결처럼
내 생명이 비롯한 곳 알 수 없고
바람이 지나가면 흔적 없듯
살다 간 자취 무엇 남을까
끊임없는 욕망으로 꿈을 쌓고 허물지만
영속한 세월은 그 흔적마저도 쓸어가 버림을
잠시 졸음 후 눈떠보면
내 혼魂도, 지금

마른 나뭇가지를 흔들고 지나가는
저 무심한 바람결 되어 돌아올지도 모른다

꽃과 인간

인간은 한 떨기 가냘픈 꽃
욕망으로 싹트고
욕망이 부풀은 꽃망울 맺혀
욕망의 불꽃 태우다 시드는 꽃

아픔을 지니고 자라
아픔을 껴안고 지는 꽃
허나, 한순간에 피었다 지는 꽃이라 할지라도
찬란히 피었다가
찬란히 떨어져 흔적도 없이 지는
정열의 꽃이거라

봄 들녘

너, 무얼 얻었다고 뽐내느냐
너, 무얼 잃었다고 슬퍼하느냐
저 봄볕 스며드는 들판을 보아라
양지바른 산자락에 봉우리 짓고 누워 있는
선인들 흔적을 보아라
저 거친 땅 대대로 일궈 온 우리 선인先人들
다들 어디로 가 모여 계신가
자연은 저렇게
봄, 여름, 가을, 오는 계절에 꽃을 피우고
가는 계절 순순히 보내 주는데
자연에서 태어나
울고, 웃고 세속에 묻혀 뒹굴다
자연의 품으로 돌아가는 우리 인간들
살아생전 喜, 悲, 哀, 樂은
저 산하 어디에도 흔적 없는데
짧은 인생에서 무얼 얻었다고 뽐내는가
짧은 인생에서 무얼 잃었다고 슬퍼하는가
부질없는 꿈속에서 또 꿈 좇아 헤매다
땅속에 묻히고

세월에 씻기면 흔적 없는 허공에 피었다 지는

꽃

불칼

저 하늘 어디에
운명의 신神이 내려다보고 있어
우악스런 손아귀에
뵈지 않는 운명의 끈을
줄줄이 인간들 목에다 걸어 놓은 뒤
아무도 모르게 조종한다면
그 손놀림 따라 우리들 꼭두각시로 춤춘다면
단지 그것이 우리가 살아가야 할 운명이라면
야성을 잃어버린 늑대는
눈칫밥 비럭질해 연명하는 개로 전락함에
내, 단연코 결투의 칼을 빼어 들라
운명의 신神 앞에 한판 승부를 자청하자
불타는 칼로 운명의 끈 내쳐 자르고
누구의 속박도 받지 않는 존재
형형히 타는 눈빛으로 살아가거나
싸우다 장렬히 전사하는 투사 될지라도
운명 앞에 무릎 꿇고 고개 떨구는
비루한 꼭두각시 되지는 말자

운명이여, 어서 오라
불칼을 높이 빼어 들라

겨울 은수원사시

혹한이 네 뼈를 깎고
칼바람이 네 살갗을 찢을지라도
사지四肢 완강히 버티어 서서
한 점 슬픔도 없이
시퍼런 하늘 향해 자맥질하는 자여
언 땅에 시린 발목 내리뻗고
차가운 밤하늘의 별빛 우러르며
묵묵히 고행하는 자여
넌, 겨울 지키는 은수원사시
넌, 아픔을 지키는 은수원사시

도시의 민들레

민들레는 봄소식 실어 오고 가는 꽃인데
길 잃은 민들레가
낡은 청사 옆 조그만 자투리땅에서
한여름에도 피었다 지고
늦가을까지도 피었다 지네
먼저 피어난 꽃은
솜털 같은 홀씨를 훌훌 풀어 날리고
있는데 그보다 더 먼저 피어난 꽃은
세속의 인연 버리고
이미 까까중머리가 다 되었는데
철 잃은 민들레가
철 잃은 도시의 그늘 아래서
노랗게 피어
우리네 잠든 영혼을 일깨워 주네
생명이란,
끝내 완수해야 할 그 무엇이라고

딱새

넌, 고독의 새이거니
잎 다 져버린 겨울날 뜨락
내 서재 창가 나뭇가지에 앉아
우두커니 사색에 잠긴다
창문을 열고 너 외롭지 않니? 손짓하면
다가올 듯 다가올 듯하다
다시 또 저만큼 날아가서는
서성이다
노래도 잊은 채
호올로
짝 잃은 새 외톨이가 되어
인기척이 그리운 듯 파르르 꼬리 떨며
멀리 떠나가지도 못하고
더 가까이 오지도 못하고
종일 저만치서 상념에 잠기는 너
딱한 새야! 딱새

오목눈이와 뻐꾸기

깨우치자, 우리들
우리가 품고 있는 알
오목눈이 알 아니라는 걸
눈코 뜰 새 없이 바쁘게
지극정성으로 먹이를 잡아다 먹이며
애지중지 키워 온 우리들 새끼가
오목눈이 새끼 아닌 뻐꾸기 새끼라는 걸
그 뻐꾸기 새끼를 위해
알뜰살뜰 재산을 모아 아끼다
늙고 병들면
아늑한 둥지마저 뻐꾸기 자식에게
물려주고 구석받이 되어야 한다는 걸
깨우치자, 우리들
뻐꾸기가 밤손님처럼 슬쩍 오목눈이 둥지에 손 넣지
않아도
오목눈이가 진짜 오목눈이 알을 낳아도
못된 세풍世風이 자꾸 뻐꾸기로 키운다는 걸
어느 날, 우린

키운 자식들 홀연히 떠나간 뒤
허전한 가슴 움켜쥐고 눈물 적시는 오목눈이 신세

상사화

상사화,
누가 씨 뿌리지 않았는데
상사화,
누가 옮겨 와 심지도 않았는데
9월 어느 날 화단에 빼꼼 얼굴 내미네
그리움에 밤으로,
어둔 밤길로 걷고 또 걸어
아무도 모르게 구만리 길 찾아와
끝내 다하지 못한 정분情分
꿈결처럼 나누고자 초가을
호젓한 뜨락 자귀나무 아래 살며시 피어
노랑 저고리, 노랑 그리움의 치마 입고
내 거실 향해 다소곳 목례目禮하고 있는
이승에서 다시 맺어질 수 없는
천상의 꽃이여
너와 나 깊은 곳 흐르는
애틋함이여

적멸寂滅

지금 옆집에서 새로 태어나는 생명이 보이나요
지금 옆집에서 숨 거두는 목숨이 보이나요
그 옆집에서 환희에 춤추는 모습이 보이나요
그 옆집에서 싸움하는 모습이 보이나요
그 옆집에서 참선하는 모습이 보이나요
그 옆집에서 음모하는 모습이 보이나요
지금 초원에서 사자에 쫓기는 임팔라가 보이나요
지금 바다에서 상어 떼에 먹히는 오징어가 보이나요
수만 새 떼들의 비상
지금 꽃피는 모습이 보이나요
지금 꽃을 꺾는 모습이 보이나요
지구란 천태만상의 생명들 요람과 무덤
그 벌판에 바람이 스치운다
해가 뜨고, 달이 지고
또 하루가 기운다
미미한 내 생명도
한 점 타는
불꽃

푸른 섬

집 앞에
회색 바다에 포위된 외로운 섬 있어
그 섬 자락에도 봄이 오면
진달래꽃 봉오리 붉게 부풀고
5월이면 아카시아 향기가 온 동네를 뒤덮네
하얗게 밤꽃 피어나는 6월이면
뻐꾸기, 소쩍새 울음소리가 심심치 않게 들려오고
7월의 미루나무는 어느새 키를 쑥쑥 키워
꼭대기 쳐다보면 파란 하늘가 다다라 현기증 일어나네
팔랑거리는 도라지꽃이며
개망초꽃, 달맞이꽃이 산책길에서 반갑게 맞이하네
가을이 오면 알밤 줍는 재미도 쏠쏠하지
쿠르릉 쿠르릉 울리는 자동차 소음,
소음으로 해 뜨고 해 저물어 가는
희뿌연 매연의 바다인 도시
그 틈바구니에서 지친 생명줄 부지할 수 있음은
수시로 호젓한 산길 오르는 즐거움 있음에 연하네
내 집 앞에 푸른 섬 하나

길 잃은 회색인灰色人에게

참 생명의 고마움을 일깨워 주는 작은 섬 하나

제2부

요술세상

바람, 바람 봄바람 휘휘 돌며 스쳐가자
까칠하게 굳어진 동토에 생명이 움트네
빼빼 마른 가지마다 새순 빼꼼 내미네

봄밤

토담집 응달에
눈 녹는 소리

재잘거리는
시냇물 소리

속살스런 여인네의
웃음소리

깊은 밤 시퍼런 청춘이
한숨짓는 소리

세월이 너울너울 손사래 치며
흘러가는 소리

왕따가 되던 날

교실에서 뛰어내려
목숨을 끊은 초등학생
사연이 신문지 1면을 크게 장식하던 날
덕수궁 돌담길을 돌아가는데
모 방송국 여기자女記者가 다짜고짜로
길 가던 내 앞에 불쑥 마이크를 내밀며 묻는 말
— 왕따를 아십니까?
— 어제 방송 보셨지요?
— 그 초등학생 죽음에 대해서 어떻게 생각하십니까?
— 무엇이 문제라고 생각하십니까?
네, 이것은 어린이들만의 문제가 아니라
우리 사회를 지배하고 있는 패 가름 문화
끼리끼리 패쇄문화가 어린애들에게까지 영향을 준 것이겠지요
여기자女記者 왈
화가 덜 풀린 씩씩거리는 음성으로
— 선생님께서는 사태를 너무 냉정하게 보시네요
기자는 기대했던 답이 아니라는 듯

마이크를 빼앗아 총총걸음으로 사라진다
은행잎이 듬성듬성 남은 늦가을 덕수궁 돌담길 옆에서
나도 엉겁결에 왕따가 되어 버렸다

겨자씨

겨자씨 하나에도 우주가 들어 있다

그 말씀, 나는 알지 못했네
오십 고갯길에서 손 모아 하늘의 명命
받들 나이까지도

허나, 오늘 아침 문득
겨자씨에도 바람이 불고
겨자씨에도 별과 달이 뜨고
겨자씨에도 태양이 빛나고 있는 걸
나는 보았네
한 알의 겨자씨 맺기 위하여
비바람과 구름은 흘렀고
한 알의 겨자씨 지키기 위하여 긴긴 여름
지성한 풀벌레 소리와
밤하늘 은하수 강가 보석궁전이 반짝이고 있었음
보았네

끝 간 데 없이 펼쳐진 하늘호수가
하나의 겨자씨 속에 총총히 박혀 있음

꽃들의 봉기

아! 이제는 벗어도 좋으리
인고의 아픔도
인습의 굴레도 벗어던져도 좋으리
알몸으로
농염한 알몸으로
쏴라!
분출하라!
터뜨리라!
이제는 죽어도 좋으리
노랑은 샛노랗게
빨강은 더욱 핏빛으로
온몸 뜨겁게 불태우고
흔적 남김없이 찰나에 가라
꽃봉오리 흐드러져 터지는 봄날
더 이상 후회는 없으리
장렬히 분사焚死 저 몸짓
목 터지는 저 함성

행복을 파는 시장

행복을 파는 시장엔 항상
인파가 북적거리네요
저마다 행복을 사려고 기웃거리는 사람들
어떤 이는 트럭으로 돈을 실어 오고
어떤 이는 권력의 요술방망이를 가져오고
또 어떤 이는 보석으로 치장한 훈장을 들고 오지요
그러나 행복은 그렇게 사지 못해요
행복이란 무엇일까? 사람들은
일곱 빛깔 무지개를 손안에 쥐어 주어도
손안의 것 거들떠보지 않고
또 다른 무엇을 붙잡으려고 허둥대다
손안에 든 무지개마저 놓쳐 버리고 맙니다
무엇으로 행복을 살 수 있느냐고
묻지 말아요
행복은 사려고 기웃거리지 않아도
열심히 일하고 베푸는 당신의 가슴속으로
살며시 들어가 사랑의 하늘다리 잇고 있지요

작약

기적은 예배당 십자가에만 있는 것
아니다
기적은 깊은 산속 큰 절에만 있는 것
아니다
기적은 우리들 작은 꽃밭에도 있어
겨우내 딱딱해진 맨땅 뚫고
작약 새순 빼꼼 내미는 걸 보라
여리디여린 순 어디쯤 강철보다 더 큰 힘
지니고 있어
투박한 땅껍질 깨고 불그레한 새순 빼꼼 내밀더니
오므린 조막손 지금 막 펼치려는 걸까
이 봄의 작은 기적은
내 좁은 뜨락에서도 움츠린 몸 굳세게 일으켜 세우
고 있어
보라!
저 역발산보다 어기찬 힘

우슬재

내 고향 문턱
우슬재를 넘을 때면 들려오네
들어 보게
우슬재 저 밑 골짜기에서 으슬으슬 들리는 소리
닫힌 세상을 바깥세상으로 연결하는 길목에서
자갈논 팔아 자식놈 공부 길 떠나보내고
우슬재를 쳐다보면
어버이 메마른 가슴엔 으슬으슬 비가 내리네

가을걷이 끝나고
돈벌이 찾아 떠나는 남정네 탄 버스가
꼬불꼬불한 우슬재 꼭대기쯤 넘어갈 때면
아낙의 젖은 눈가엔 으슬으슬 눈발 날리네

어릴 적
잊어버릴 만하면 우슬재 고갯길에서
완행버스가 굴러 떨어졌다는 소문 들리고
사람들이 다치고 죽었다는 소문 들리고

그 뒤부터 우슬재를 넘을 때면
흐드득 흐느끼는 소리 들리어오네
들어 보게, 저 골짜기 밑뿌리에서부터 젖어드는 소리

미루나무의 연가

우린 왜
사랑이라 말하지 못하는가
내 마음 그대 향하여 흐르고 있는데
그대 마음은 내게로 향하고 있는데
그대 까만 눈동자 속에 내 모습 들어 있고
내 눈 속에 그대 모습 어른거리는데
우린 왜 사랑을 말하지 못하는가
사랑은 흐른다 서로
말하지 못함을 아는 우리
저문 강가에서 나누어 낀 풀꽃반지 가슴에 간직하며 살아가다
그대가 저 언덕 한 그루 미루나무 되어 두 팔 벌리면 난, 미루나무 잎새를 흔드는 바람의 화신化身으로 달려가야 하리

고라니

고라니가 집으로 들어왔다
숨은 끊어졌지만 아직도 체온이 남아 있는 밤
땅 파고 묻어 주리라

그런데 간밤에 눈이 펑펑 쏟아져 산과 들판이
하얀 눈 속에 파묻히고 말았다
찻길에서 사고당한 고라니
동생이 형에게 보신하라 부러 가져왔는데
난 먹을 수가 없다
겨울철이면 과수밭에 내려오곤 했던
초롱초롱한 눈망울의 바로 그 고라니일 수도 있는데

그런데 고이 묻어 주지 못했다
어느 지인에게 드리고 말았다
뜨거운 가마솥 속에서 부글부글 끓여져 형체도 없이
녹아 버렸을 고라니를 생각하면

눈 내리는 날이면

가끔 들판을 바라보며 참회의 시간을 갖는다
하얀 눈밭을 거닐고 있던 고라니 생각에

은빛 궁전

누구나
그 꽃 이름을 알지요
새봄 노랑 꽃 필 때
사람들은 그 꽃의 언어로 그리움 전하고
그 꽃 꺾어 그리운 이의 가슴에다 살짝 심어 주지요
그러나 꽃이 시들면
아무도 거들떠보지 않아 쓸쓸하지요
어느 날 길가다 꽃잎 진 자리마다 둥그런 은빛 궁전이
하나씩 자리잡은 모습 보았습니다
그리움 스러진 자리마다
밤이 되면 은하수 별들이 하나, 둘, 셋 내려와 밤새
길 트고, 미세한 통신망 연결하여
둥글고 예쁜 은빛 궁전 하나씩 조립해 놓고
새벽이면 별들은 불꽃놀이를 하며 일제히
하늘로 올라가지요
별들이 떠난 뒤 영화가 끝나 버린 궁전은
후—욱 부는 바람결에 두둥실 흩어져 날아갑니다
정처없이 떠도는 민들레의 은빛 영혼들

오매 꽃들아

환장할 놈의 꽃들이
몸 비비 꼬는 관능으로
열여덟 봉긋한 가슴으로
연분홍 입술로 휘날려 와 꽂히는구나
개나리, 진달래, 벚꽃
활화산처럼 폭발하더니
불꽃놀이 폭죽으로 터지더니
어금니 악물던 아픔으로
미칠 것 같은 그리움으로
해마다 4월이 오면
내 가슴 병소病巢를 짓밟는구나

오매 꽃들아
몇 발짝 못 가
금새 밤 봇짐 싸 떠나 버릴
그런 뒤
흔적도 없어질 꽃들아
오매, 저 환장할 꽃들아

마른 가슴벌에 불 지르는구나

벌거숭이

뜨락 은행나무
간밤에 노란 이불 다 걷어차고
민숭민숭한 알몸뚱이 되었다
찬바람에 으스스 떠는 가지들……
차암, 춥겠다

꽃들의 이혼

꽃밭에서
두 꽃님 서로 좋아했네
서로가 더 가까이 있고 싶어서
꽃님은 결혼식을 올렸네
눈부시도록 새하얀 꽃과 새빨간 꽃이
별빛과 새들의 축복을 받으며
달콤했던 벌꿀의 계절은 짧게 지나가고
눈보라치는 북풍의 계절이 찾아왔네
북풍과 함께 묻어 온 미움의 정령이 도끼눈을 치켜 뜨자
신비롭던 베일은 한 꺼풀씩 벗겨져 나가고
좁쌀 크기 흠집까지도 바윗덩어리로 보이기 시작했네
뻔뻔해진 꽃님들 서로 햇별 좋은 자리를 차지하려 다투더니
가슴엔 독버섯이 자라나고
휑한 뜨락엔 잡초들 쭉정이 무성하더니
한 치의 마음도 엿보지 못하게

육중한 대문에다 꽝꽝 빗장을 지른 뒤
등 돌려 서로 다른 길 떠나가 버렸네

요술세상

바람, 바람 봄바람 휘휘돌며 스쳐 가자
까칠하게 굳어진 동토에 생명이 움트네
빼빼 마른 가지마다 새순 빼꼼 내미네
메마른 대지에도 파릇파릇 새 생명 돋아나네
한 차례 봄비 내리자
대지는 초록 물감 칠한 옷으로 바꿔 입네
나비, 아지랑이, 진달래, 개나리 피어
꽃산천, 꽃그림 그리네
꽃동산 만드네
봄바람은 요술쟁이
꽃비는 요술쟁이
잠시 후 시간이 살처럼 휘익 지나가자
어느새 잎잎마다 물감 드네
들판은 황금비단 옷 갈아입었네
산에 산에는 노랑, 다갈, 붉은 물감 엎질렀네
가을바람은 요술쟁이
지구는 천변만화千變萬化의 요술쟁반
그 안에 우리가 살지

꽃보다 예쁜

율목공원 한적한 빈터에서
키 고만고만한 고사리 아이들
잠자리채를 들고 파란 하늘을 휘젓는다
예닐곱 살 되어 보이는 곱살스런 아이가
허공을 잽싸게 가르더니
포충망에서 고추잠자리 한 마리를 꺼내어 찬찬히 살펴보다
"에이 불쌍하구나" 하며 하늘로 날려 보낸다
잠자리는 고맙다고
아이의 머리 위에서 빙그르르 동그라미 그리더니
허공으로 멀리 사라져 버린다
그 마음
불쌍하다는 그 예쁜 마음은 어디서 발원하는 것일까?
하늘은 끝없이 파랗구나
티끌 한 점 없이

입비

6대조 할아버지 묘소에 입비立碑하던 날
팍팍한 세월 살다 가셨을 그 시절만큼이나
마른 바람이 불어 온다
숱한 세월이 쓸고 간 흔적
주저앉은 봉우리 떼를 벗기고
봉을 높이고 새 옷을 입혀 곱게 단장한다

조촐한 비碑를 세우고
제祭를 올린다
어디서 이 모습 보고 계실까
그래도 후손 된 도리인 걸 어쩌나
한나절 따갑던 봄볕도 사위어 갈 무렵
굉굉거리던 포크레인 굉음도 그치고
참례한 동네 어른들게 술잔 올리고
아낙들에게 제사떡 한 조각씩 돌리고 나니
부질없는 공들임의 절차도 모두 끝이 나
인사하고 돌아서는데
"아그야, 느그들은 입비하고 단장한다만

느그들 가고 나면 어느 뉘가 묏등이나 찾을랑가 모르것다 잉"

등 뒤쪽에서 끌끌 혀를 차는 소리

박새와 참새

지난해 아파트 단지
산자락 아랫도리 싹둑 자른 절개면 배수구 작은 구멍
옆 지날 때 이상한 소리에 귀 기울이곤 했는데
아뿔사, 박새 한 마리 그 좁은 구멍을 매일 들낙날락
들락날락하더니 오월 어느 날 경사 났네 찌륵찌륵
새끼 박새들 먹이 달라 보채는 소리 겹겹이 들리네
아이쿠, 저 좁은 구멍에 큰비라도 쏟아지면 웅크린
박새 가족 어찌될까 마음 조마조마하였는데
다행히 큰비 없이 삼칠은 이십일 지나자 아주 조용
벌써 이사했나?

올해는 시골 농막 보일러 배기통이 끼드득끼드득
아니 불도 아니 지폈는데 보일러 고장은 웬 고장
허어, 참 이상한 일일세
어느 날 집 뒤뜰에 풀 베러 가다 딱 마주친 장면
참새 한 마리 잽싸게 주방용 환풍기 배기통 속으로
숨은 뒤
며칠 지나자 배기통이 악기 연주실로 변해 버렸네

짹 짹 짹 아기 참새 먹이 달라 합창하는 소리
아니 저 못된 참새가 주인 허락도 없이 침입해
남의 집으로 이사 와서는 새끼까지 쳤구나
월세 곱빼기로 받으리라 단단히 벼르고 있었는데
어느 날부터 갑자기 조용, 아니 벌써 이소했나?
허허, 고얀 놈들

내 안에

내 안에
빈 공간 있어
바람이 일고
구름이 떠가고
풀잎이 흔들린다

내 안에는
나만의 빈 공간 있어
때론 침묵이 흐르고
호수같이 잔잔한 공간 있어
사랑과 미움의 파도가 일고
탄생과 멸함의 무덤이 있다

내 안에서
만물이 타생하는 소리
내 안에서 우주가 소멸하는 소리
내 안에서

비가 내리고 바람이 일고
또 어디론가 흩어지는 소리

꽃과 새

―영종도 농가에서

내 뜰에 시방 그려진 생생한 화조도花鳥圖 한 폭

화사한 살구꽃 만발해

꽃등불 꽃등불 켜 봄날 더욱 밝히는데

꽃 속에 꽃을 따다 넋 잃은 동박새 한 마리

꽃향기에 취해 날아갈 줄 모른다

봄바람에 일렁이는 꽃과 새 그림자

눈이 부셔 어지러워 차마 지켜볼 수 없는데

꽃새는 한나절 취해 잠든다

도라지꽃

언제부터 도라지꽃 보면
내 가슴팍에 도라지 꽃밭 열리고
수많은 나비들 내려앉아 춤을 춘답니다
하얀 나비들, 보랏빛 나비들 어우러져
팔랑팔랑 춤을 춘답니다
어릴 적 고향
병풍산자락 밑 아스라이 펼쳐진 도라지 꽃밭에서
나비 떼가 팔랑팔랑 춤추는 광경이란
황홀을 넘어선
넋을 빼앗는 장관이지요
바람이 여릴 때에는 팔랑거림이
아리아의 선율로 너울너울 넘실거리다가
하늬바람이 밭고랑 타고 시원스레 불어 오면
다급한 소나기 소리를 내며 열렬히 팔랑거립니다
언제부터인지
하늘거리는 도라지꽃 보면
내 후미진 묵정밭에도 도라지꽃이 피고

꽃밭에선 나비 떼가 소녀와 숨바꼭질하다
팔랑팔랑 춤추다, 지친 나래를 잠시 쉬어 간답니다

회색인

젊은 시절엔
한 떨기 순백의 도라지꽃으로
피었다 지길 바랐거늘
난, 오늘도 회색 옷 입고 대문을 나선다
이건 아닌데
인생이란, 이렇게 사는 것 아닌데
버려야 할 시시콜콜한 보따리 붙들고 씨름하다
하루해 기운다
한 발은 아직 순수의 연못을 향하고
아직도 그 알량한 자존의 껍데기 벗어던지지 못하고
한 발은 진흙 웅덩이에 미끄러져 빼내지도 못한다
차라리 검은 옷 입고, 흙탕물에서 멱 감고
발길 닿는 대로 나뒹굴다 죽어 가거나
차라리 한 송이 들꽃이 되어
잔잔한 가슴에다 별빛 쓸어 모으며 달맞이꽃 언덕에서
호젓이 살다 갈 것을

회색의 늪은 질기고 깊어

난, 오늘도 회색 옷을 걸치고
네온 눈 뜨기 시작하는 초저녁 거리를 지나
허청허청 집으로 발길 돌린다

프로톱테릭스*

시퍼런 파도 넘실거리는 망망한 바다에서
하늘과 맞닿은 아득한 바다에서……
날지 못하는 물고기 한 무리
늘 하늘 날고픈 꿈을 꾸다
날개야 돋아라, 날개야 돋아라!
한 번만이라도 날자꾸나
날아야만 할 강렬한 욕망이
온몸의 비늘 우우— 일으켜 솟구치다 추락한
새가 되다만 새 프로톱테릭스, 그 아픈 새의 뼈 화석들이
율목동 고갯길 인천시립도서관 높다란 담벼락에
각인되어 있다
죽어서도 파란 하늘을 날고 싶어
화석이 된 뼈 마디마디에 감청색 열매 달아 놓고
간절히 축원한다
동고비, 동박새야 어서 오라. 어서 와 내 영혼을 쪼아먹고서
끝없는 하늘로 훨훨 날아가

아무도 발길 닿지 않은 미지의 땅에다 영혼을 부려
놓아
한 마리 새로 다시 탄생케 하여라!
날고 싶은 내 염원 활활 불타오르게 하여라!

* 프로톱테릭스 : 물고기가 새로 진화하는 과정에서 발견된 시조새 화석.

파랑새

부는 바람에 흔들리고
지키지 못할 언약에 매달리고
난, 얼마나 많은 날들 헛되이 보냈는가

외로움을 달래며 사랑의 해후를 기다리며
다시 돌아오지 않는 파랑새를 자꾸만
허공으로 날려 보냈는가

한잔 술에 취해 비틀거리고
이제는 끊어야지 끊어야지
그러나 결단력 없는 의지를 후회하며
허송한 시간들은 도대체 얼마인가

세끼 양식을 마련하기 위해
한 치 높은 의자로 올라가기 위해
아파트 평수를 한 뼘 더 늘리기 위해
노심초사했던 날들은 다 어디로 가고 없는가

날아가 버린 파랑새는 돌아오지 않고
나에게 허락된 시간이란
이제 손바닥의 손금처럼 훤히 뵈는데

까치집

까치는 좋겠다
세상이 훤히 내려다보이는
언덕배기 미루나무 우듬지에 둥지 틀고
살랑거리는 바람이 요람을 흔들면
차르르 차르르 물살 타고 흐르는 보트처럼
상쾌하겠다
복닥거리는 세상을 초월하여
저 높은 곳에 터 잡고 앉아
저녁놀 곱게 물들어 갈 때면
붉게 타오르는 놀빛 온몸으로 볼 수 있어
황홀하겠다
초저녁엔 희멀겋던 달님 얼굴이
중천에 떠 노랗게 영글어 미소 띠면
달님 곁에 가까이 다가가
소곤소곤 달님과 속엣말 나누기에
정겹겠다
별님들 눈망울 초롱초롱 빛나는 깊은 밤이면
별님의 끝없는 동화 들으며

꿈길 속으로 스르르 빠져들어 잠드니
미루나무에 둥지를 튼 까치는
참으로 아늑하겠다

승학산 가을

가을이 내린다
승학산 기슭에
마른 바람이 산허리께를 스쳐 지나가면
쩌—억 쩌—억
밤송이 벌어지는 소리 따라 가을이 깊어 간다
이른 아침 산기슭엔
부시럭부시럭 밤 줍는 발길이
안개 낀 숲의 정적을 깨뜨린다
알밤이다 알밤이다!
쥐알만한 쥐밤이다!
머언 어릴 적 보물찾기 추억 속으로 걸어 들어간다
숲길에 떨어지는 가랑잎 한 켜 두 켜 쌓여 갈 때쯤
화들짝 서둘러 돌아서면
가을은 이미 9부 능선을 넘어가고
여기저기 나뒹구는 밤송이 잔해들이 들어 보라 외치다
너희가 영혼을 알차게 해 꼬옥 감싸안지 못하고
손 놓아야 할 때 툭—손 놓아 버리지 못하는 건
다 그 한없는 집착 때문, 다 그 설익은 욕망 때문

안개 사랑

그녀는 언제나 잡힐 듯 잡히지 않는 안개의 옷을 입고
살며시 다가옵니다
이른 아침에 긴 머리 풀고 산자락을 산책하기도 하며
때로는 산 허리춤을 휘감고 있습니다
잠든 강에 신비한 물안개로 피어오르기도 합니다
그녀는 알 듯 모를 듯한 미소로 유혹합니다
신비한 그녀 미소에 끌려 한 걸음 다가서면
그녀는 어느새 한 걸음 뒤로 물러서 있습니다
그녀 곁에 가까이 다가가면 갈수록
어디에도 모습 보이지 않는 오리무중입니다
그녀 품 안에 안겨 있을 때에 난, 그녀의 사랑을
알지 못합니다
그녀 떠난 뒤에야 비로소 사랑에 눈뜨곤 합니다
나는 뒤늦게 후회하고 쫓아가 보지만
그녀는 이미 사라져 흔적 없습니다
그녀는 내 사랑 안개입니다
잡아 둘 수 없는 내 사랑

호수

뭉게뭉게 구름 피어오르는 날
큰 새 등을 타고 구름 위 날면
발아래 펼쳐진 광활한 설원 있어요
은빛 설원에는 갖가지 형상을 한 산악 있고
들판이 있고, 군데군데 호수가 있습니다
무척이나 푸른 호수 속에는 영특한 물고기들
공장을 세우고, 아파트를 짓고, 차를 씽씽 몰고 다니지요
저 아름다운 호수에 사는 물고기들이 욕심을 조금씩 줄이면
호수는 언제나 푸르러 맑겠지요
허나 그칠 줄 모르고 부풀어오르는 황갈색 거품으로
호수는 머지않아 오염되어
물고기가 살아갈 수 없는 큰 재앙의 날 곧 오리라
노랑 띠 두른 예쁜 물고기들이 외치고 돌아다닙니다
그렇지만, 모두들 설마하니 믿지 않아요
구름 아래 설원엔
아직은 동화나라 푸른 유리구슬 같은 호수 있고
그 호수 속엔 장님 물고기가 살아가지요

숲의 전쟁

아까시 향기 짙어지는 오월의 숲에서
치러지는 총성 없는 전투
생존을 위한 처절한 몸부림
연초록이 진초록으로 짙어지는 숲 속에선 나무란
나무 모두 발꿈치를 치켜들고 손바닥 펼쳐
더 높은 곳을 향하여
나에게 빛을! 나에게 빛을!
촌각이라도 더 많은 빛을 나에게 다오!
간절히 애원하고 매달립니다
무성하게 손바닥 펼쳐들고 흔드는 활엽수 틈바구니에서
햇빛 받지 못한 소나무는
고삐에 옭매인 순한 소가 되어 움쭉도 못하고 시름시름 앓다
앙상히 갈비뼈 드러낸 채
눈 뜨고
고통스럽게 자신의 임종을 지켜봅니다
우리들의 휴식처인 싱그러운 숲에서도

서로가 서로를 이기고 살아남기 위한 끔찍한 전쟁이
보이지 않게
팽팽히 진행되고 있음을 그만 보고 말았습니다

끝없는 길

희망은 항상 높은 산머리에 있고
우리는 오늘도 가파른 산기슭 오른다
힘겹게 산 정상에 오르고 나면
꿈에 그리던 희망의 나라는 또 한 걸음 뒤로
물러나 손짓하네
갈 수 없는 나라에는 황금의 꽃들이 피네
갈 수 없는 나라에는 일곱 빛깔 무지개가 뜨네
갈 수 없는 나라에는 수정처럼 마알간 오아시스가 있네
손끝에 잡힐 듯 잡힐 듯
다가서면 어느새 뒤로 물러서는
아무리 갈구해도 끝내 다다르기 힘든 곳
삶이 가시밭길일지라도
삶이 낭떠러지 같은 고독에 부딪칠지라도
두 손 꼬옥 움켜쥐고
나락奈落으로 떨어지지 않음은
사람마다 갈망하는 나라 하나씩 그리며
쉬엄쉬엄 오르고 있음이네

갈 수 없는 나라에는 황금방울새의 노래가 있지

갈 수 없는 나라에는 은하수 흐르는 강 언덕이 기다리지

키메라

머지않아
여자가 아기를 낳고 키우던 시대는
원시시대의 신화로 남으리

아기도 주문생산하는 시대가 오리라
황금 물결 머리에, 눈은 불루사파이어로
앵두입술의 백설공주 세 명을
한꺼번에 만들어 주세요

사자 머리에 갈기 휘날리는
그리스 신화의 헤라클레스처럼 생긴
근육질 청년 세 명도 한꺼번에 만들어 주세요

낡아 너덜너덜한 심장도 새것으로 갈아 끼고
내장도 싱싱한 것으로 교환하고
생식기도 단단한 것으로 바꿔 달고

그 어느 날

인간도 아니고, 짐승도 아닌 키메라들이
분홍빛 정육점에서 고기를 잘라 팔 듯
우리네 육신도 부위별로 복제되어 팔리게 되리라

후투티

— 북도면 신도리에

후투티 넌, 그리움이거니
오월이 오면
새색시 낭군 기다리듯
설렘으로 기다려지는 나의 새
후투티, 아직 오지 않았나? 올해엔
어디에도 모습 보이지 않네
수만 리 머나먼 길
베트남, 태국, 라오스 하늘길
물길 너무 멀어 아직 오지 못했나?
근심 반 서운함 반 짙어 갈 무렵
서해 자그만 섬 신도리 동쪽 끝 토담집에 앉은
한 쌍의 모습 찰칵, 내 망원렌즈에 포착된 순간
아! 후투티구나
반가움에 터진 외마디 소리
그래 살아 있었구나, 안도의 한숨
인디언 추장 닮은 머리깃 여전히 우아한 자태
너, 추장새야

꼬옥 내 집에도 놀러오렴

가을 산에 앉아

유리알같이 마알간 정적이 흐르는
가을 산에 오르니
파란 거울 속에 떠오르는 젊은 날의 초상
나의 슬픔은 나의 것
나의 고독은 나의 것
나의 우울은 나의 것
타인에게 있어 그것은 관심일 뿐
타인에게 있어 그것은 이해나 동정일 뿐
슬퍼도 슬픔을 참고
웃자. 웃음을 머금고 살아가자
웃는 모습이
찡그린 모습보다 낫지 않느냐!
거울 앞에서 애써 웃어 보이던 젊은 날
그 맑던 얼굴엔 거친 세월의 빗금 그어졌고
어느덧 귀밑엔 희끗희끗 서리 내렸다
이제 나에게 남은 꿈이란
저리도 고요히 떨어지는 낙엽이듯
허물없이 곱게 물들어 가고자 함이란다

땅의 약속

거칠고 억센 땅에서
억센 땅처럼 살아가는 나씨羅氏
꽁꽁 언 눈보라 속에서 새싹 내미는 끈질긴
들풀의 생명력처럼 살아가는 이웃 나씨네
땅 열기에 숨이 컥컥 막히는 한여름 더위
꿋꿋이 이겨내고
밤이면 사지가 마디마디 쑤시고 아파도
다시 또 일어나게 하는 힘은 오로지
땅의 거짓 없는 약속
씨 뿌리고 가꾸는 자에게
가을에 기쁨을 준다는 약속을 믿기 때문
정치가 아무리 시끄럽고
사회가 아무리 소란스러워도
들녘의 벼는 다시 황금물결로 출렁이고
키다리 해바라기는 올해도 큰 키를 뽐내고 있다
농부들에겐 일확천금의 헛된 꿈이 없다
거짓 없는 땅의 약속을 믿기에
오늘도 거칠고 억센 들녘에서 땅을 일구고

거친 땅을 닮아 가고
죽어서 땅속에 묻혀 한 줌 흙으로 돌아가길
늘 소망한다

제3부

가슴에 박힌 별

내가 이 고난의 세월
이겨낼 수 있음은
소년 시절
어느 무더운 여름 밤하늘

그대는 국화꽃

그대는
선善한 빛을 가진 사람
인간의 기쁨과 아픔을
함께할 수 있는 사람

쾌활한 사람
자신을 사름으로
이웃들에게 빛을 주고

작지만 넉넉한 뜰에
호젓한 외로움을 키우는 사람

그대는 혼탁의 시대에 핀 한 떨기
청초한 국화꽃

만남 이전엔
무심히 오가며 지나쳤을지라도

이젠 내게
더없이 소중한 사람

길 찾기

내, 길을 찾아 나섰다
월미도 알바트로스커피숍에 앉아
알바트로스 비상飛上하길 기다렸지만
문명을 포식한 알바트로스는
이제 비만으로 날지 못하네
영종도행 배를 탔다
높다란 갑판 위로 올라가 나래 펴자
내 몸이 갈매기 되어
허공을 비잉 돌아도
길은 해무 속에 묻혀 분간할 수 없네
터덜거리는 완행버스를 타고
을왕리 해변가 낙조대로 가 지는 저녁놀을 보았다
붉게 피는 노을 속에도 길은 보이지 않고
어둠이 스멀스멀 내리더니
이내 뭇 별들이 돋아나 저마다 자리를 지키지만
길 잃은 떠돌이 별 하나가
빈 가슴에다 지—익 빗금을 그어 놓은 채몸 불사르며
우주 밖으로 튕겨 나가 사라져 버린다

노랑나비

소년 시절 노랑나비 한 마리가
내 가슴에 날아들어 오더니
호기심의 등불 빼앗아 들고
이 꽃, 저 꽃을 쫓아다니느라
청춘의 날 중 많은 날들 바람에 날렸지
그 나비는 햇빛 없이도
별빛 없이도 자유로이 날아다니며
대낮에 길 가는 처녀의 종아리를 따라다니기도 하고
풍만한 가슴을 기어오르기도 하고
온갖 상상의 그림을 그리더니
낙엽 흩날리는 가을날엔
허망한 꿀로 땅에 나뒹굴기도 하였지
그래도 나비는 칙칙한 겨울날들 지나가고
새봄을 맞아 들꽃 필 때면 다시금
등불 켜들고 날아
천명天命을 공손히 기다려야 할 나이까지도
이 꽃은 어떨까? 저 꽃은 어떨까?

철없는 상상의 날개를 펴게 하네

거친 내 가슴밭에 살아가는 눈먼 나비 한 마리

옹달샘

사람들은 누구나
가슴속에 오래된 성成 하나 간직하고 살아가지
그 성에는 누구에게도 열어 주지 않는
작은 샘이 있어
샘 하늘에는 구름이 떠가고 풀잎 흔들린다
들꽃이 피었다 진다
먹구름 천둥이 스쳐 가고
낙엽이 날아가다 샘물에 떨어진다
눈발이 어지러이 흩날려도
언젠가 꼭 오실 님 있으리라
기다리는 샘 있어
고독한 날은 고독한 대로
외로운 날은 외로운 대로
쓸쓸한 날은 쓸쓸한 대로
영혼을 맑게 씻어낼 수 있음이라
사람들은 누구나
아무에게도 열어 주지 않는

자신만의 내밀한 옹달샘 하나씩 간직하며 살아가지
언젠가 그 샘터에 쉬어 갈 님 오시리라

뻰추새

삑―삑 삐에르르
아른아른 기억의 강 건너 날아가 버린
새
여기, 한겨울에도 꽃이 피는 천지연 숲에서
또 아늑한 여미지 꽃밭에서 반기는구나
어릴 적 빨갛게 익은 감을 딸 때면
감나무 꼭대기에
잘 익은 것 서넛 네 몫으로 남겨 놓은 뒤
언제 오나 언제 오나 손꼽아 기다렸던 어린 시절
추억의 새
저만치서 파르르 떠는 날갯짓으로 정지비행 한 채
가늘고 삐쭉한 부리 동백꽃 속에 넣어 꿀을 빠네
주렁주렁 매달린 황금빛 멀구슬나무 열매 한입에 따 꿀꺽 삼키네
삐에르르 삐―익 삐―익 호루라기 불며 청잣빛 하늘을 파도타기 하네
넌, 어릴 적 뛰놀던 모습 그대로 변함 없건만
내 젊음이 어느덧 다 이우는 오늘에야

꿈결인 듯 먼 남국의 섬에서, 우리
서로 반가움에 어쩔 줄 몰라 솟구치고 나뒹굴어 반기는구나

* 뻰추새 : 해남 지방에서는 직박구리를 뻰추새라 부름.

허수아비

〈학원 폭력 근절하여 내 학우 보호하자〉
— 검찰청, 교육청, 학원폭력예방대책본부 —

라고 낙인찍힌 플래카드가 출퇴근길 옆
중학교 정문에 붙들려 있습니다
우리 아이들은 말을 배우기도 전에
폭력부터 배우는데
오늘도 텔레비전에서는 폭력이 판치는데
오늘도 비디오에서는 강간을 하는데
오늘도 게임기에서는 살인을 하는데
게임기에서 잔인하게 토막살인 해 본 기억은
이미 우리 아이들 무의식 깊숙한 곳
광맥처럼 박혀 있는데
자리 잡은 무의식은
한 마디 구호로 지워지지 않는데
학교에서는 폭력을 가르치지도 않는데
하릴없는 플래카드가 텅 빈 운동장 정문에서 붙들려
벌을 받으며

추수가 다 끝나 버린 들판의 허수아비처럼
빈둥빈둥 일없이 놀고 있습니다
히죽히죽 웃고 있습니다

잎 지는 나무들

처서가 지나자
은빛 갑옷의 수많은 병정들이
북쪽 전선에서 은빛 칼날 번득이며
한 걸음 한 걸음씩 전진하고 있다
금빛 창칼 든 병정들이 금빛 투구 번뜩이며
남쪽으로 한 걸음 한 걸음씩 퇴각하고 있다
일진일퇴 거듭하지만 나무들은 예감한다
머지않아 은빛 갑옷 병정들이 은빛 화살 쏘아대며
온 숲을 점령하리라
까칠해진 나무들은 잎새 떨구면서
창문을 닫는다
긴긴 겨울 지나가고
은빛 병정들이 물러갈 때까지
나무의 정령은 거치고 딱딱한 껍질 속에서
은둔의 시간을 헤아리며 새봄을 틔울 싹을 고른다

들꽃 지다

들꽃나라에 가을이 깊어지면
찬 서리 받아 피어나는
들꽃 속에는
길 떠나는 작은 새들이 찾아들어
저마다 아픈 사연을 노래한다
— 사랑의 아픔
— 이별의 아픔
밤이 되면 보석처럼 반짝이는 수많은 별들 중
길 잃은 아기별이 들꽃 속으로 날아들어
길을 물으며 쉬어 가기도 하고
무서리 하얗게 내리고
눈발이 몹시도 휘날리는 쓸쓸한 날엔
떠날 것 다 떠나 버린 허허한 들판에서
들꽃 속 화옹化翁은 육신을 벗어
하얗게 서리꽃으로 지상에 남겨 두고
지팡이 하나에 몸 기댄 채
꽃길 따라 머나먼 남녘으로 피정 길 떠난다

갈라져 아프고 시린 이 강산
꽃산천, 꽃동네, 꽃무덤으로 장식하기 위하여
새봄에 다시 오리라, 걸음걸음마다

돌아올 길 기약하면서
무거운 발걸음 끌고 멀어져 간다

가슴에 박힌 별

내가 이 고난의 세월
이겨낼 수 있음은
소년 시절
어느 무더운 여름 밤하늘
하천 뚝방에서 바라본
수많은 별들 중 하나
떨어져 내 가슴에 박혀 있기 때문

내가 이 고난의 세월
견뎌낼 수 있음은
마른 봄이면
수선화 별꽃으로 찾아와 돌 담 아래서 흔들리고
유월이면 망초꽃
소복한 여인으로 하얗게 피어나
내 서러운 사연 귀담아 들어 주기 때문

달빛 고고한 밤이면 뜰안의
달맞이꽃 노랑색 치마, 저고리 입고

달마중 가자 손 잡아 주기 때문

그립고 그리운 날들 참고
참아낼 수 있음은
이 목숨 떨어져 별이 되는 날
우리는
은하수 강가에서 꼭 만나리라
기다려지기 때문

개망초꽃

개망초꽃, 소복한 여인네의 눈물이지요
개망초꽃, 당신은 풀뿌리 캐 먹으러 산과 들 헤매다
죽은
무지렁이 백성들의 넋이지요
개망초꽃, 당신은 왜군의 총부리 앞에 쓰러져 간 갑
오농민의
한恨이지요
개망초꽃, 당신은 이념의 포로가 되어 갈가리 찢겨
진 무명옷이지요
죽어서도 차마 이승을 떠나지 못한 영혼들이
6월이면 산과 들에 하얗게 피어나
버려진 땅에 지천으로 피어나
이 땅의 아픔을 말없이 증언하는 구나

임진강변에 망울망울 피어 하늘거리던
개망초꽃, 내 가슴 거친 들판에도 피어 있네요

길 떠나기

뜨락 은행나무 잎들 노랗게 등불 밝히며
길 떠날 채비하네
나무의 노년은 저리도 황홀하구나

여름 내내 꽃을 피워내던 자귀나무
꽃잎 진 자리마다 콩깍지 여물게 해
톡톡 터뜨릴 준비하는구나

듬성듬성 나뭇잎이 떨어진 사이로 보이는
하늘은 나날이 높아만 가고
찌르레기 먼 길 떠날 연습비행이 분주하다

꽃은, 나무는, 새는
저리도 아름다운 떠남을 준비하는데
마음아 넌,

덕지덕지 달라붙은 인연의 딱지 떼지 못하고
깃털보다 가벼운 것들 붙들고 힘겨워하는 구나

한줌의 재산 때문에 잠 못 이루고
수천千 모래성 쌓았다 허물고

개울물에 단풍잎 떠내려가는 걸 보면
풍덩 뛰어들고 싶은
죄 없는 생명을 낚아채는 낚시꾼 보면
낚싯대 드리워 월척 낚고 싶은 마음아
넌,

언제쯤이나
철이 들어 장엄한 노을을 예비하려느냐
잡다한 인연들 훌훌 떨쳐버리고
가볍게 소풍 떠날 채비하려느냐

도깨비불

어릴 적 시골에 깜깜한 밤이면
도깨비불이 하나, 둘
도깨비불이 새끼를 치면 셋, 넷
마을 어귀 곳집이나
으슥한 서낭당 고갯길에 나타나
외로운 혼들 불러내어서
하나, 둘로, 하나, 다섯으로 늘었다 줄었다
혼魂불로 춤추던 도깨비
오늘날 시골에는 한잔 술에 얼큰히 취해
오십재를 넘어오던 장꾼들 모습 보이지 않고
목숨을 내기 걸고
호탕하게 씨름 한판 청하던 도깨비 사라지고
도깨비란 도깨비는 줄줄이 고향을 떠나
화려한 도시로 올라와 밤마다 번화가에서
붉은 혀를 날름거리며,
어지러이 빙빙 돌며, 곤두박질치며, 두 눈에 불을 켜고
대왕도깨비 되는 야망을 굴리는 저 거인 불빛들
기력 잃은 도깨비들은 도시의 변두리 달동네

언덕배기로 밀려나 퀭한 눈빛으로 가물거리는구나
저 도깨비불, 도깨비불
추적추적 내리는 겨울비 사이로 애잔히 흐르는 불빛

사슴벌레들의 추억 더듬기

추석이 내일모레면
도로는 사슴벌레들로 바글거리고
밤이면, 불을 삼키고 꿈틀거리는
동화 속의 거대한 뱀처럼 구불구불거리다
몸 안의 큰 동맥에서 작은 핏줄로
피가 흘러들어 가듯
두 눈에 불을 켠 사슴벌레들이 고속도로에서
농촌으로, 어촌으로 기어들어 간다
실핏줄 끝으로 실핏줄 끝으로 밤새 기어가
머무는 곳에
사슴벌레들의 그리운 고향이 있다
어린 날 꿈이 눈 비비며 기다리고 있다
밤새워 이야기꽃을 피우고

추석날 길을 나서니
허물어진 돌담엔 무성한 담쟁이덩굴
어릴 적 높아만 뵈던 비조산은 세월의 무게로
나지막이 내려앉았네

어버이 산소에는 솔바람 소리만이 유현하네
텃밭에 우거진 잡초는
집 떠나 도시로 가 버린 사람들 사연을 말해 준다
일 년 사이 동네 어른 네 분이 또 고인이 되셨다 한다

젊은이들 모두 떠나버린 적적한 마을에
황금햇살만 고즈넉이 지키고 있다
내일이면 다시 떠나야만 한다
톱니바퀴 같은 삶의 전장으로

떠나던 날
할머니 얼굴 닮은 호박 몇 덩이
마늘 한 꾸러미, 억지로 퍼담아 안기는 된장 한 바가지
끈끈한 고향의 인정이 담긴 보따리를 안고
돌아서면 왠지 코끝이 시큰

추석은 추억 길 더듬는 사슴벌레들의 여정

숲 속의 길

기억의 숲 속에 난 길 하나
길가 숲에는
키 큰 전나무들이 줄지어 서 있고
단풍나무는 사철 붉게 타오르지
길을 거닐면 한 잎 두 잎 떨어지는 낙엽
바람이 스치고 지나가면 우우—수수— 휘날리는 낙엽
호젓한 산길엔 언제나
쓸쓸히 걷고 있는 그림자 하나
키가 늘 그대로인 나무들
줄지도 불지도 않아 찰방거리는 계곡물
무성한 활엽수림 터진 사이로 언뜻언뜻 뵈는 하늘엔
흰 구름 떼 둥실 떠서 가지
숲길은 울퉁불퉁 돌멩이 굴러다니는 불편한 길
때로는 발 밑뿌리 채여도 내 걷기 좋아하던
그 길에 이젠
요란하게 떠들던 직박구리들 떠나가고
방울새 울음소리 그치고
천 년의 바람길 어루만져 온 팽나무 몇 그루

황금빛 열매를 흔들어
지나가는 나그네의 머리 위에 뿌리네

기억의 숲 속엔
지워지지 않는 길 하나

붉은 늪

퇴근길에 늘 붉은 호수 속으로 빠져들곤 했다
얕은 호수에는 호프집이 자리하고
중간 깊이 호수에는 카페가 자리하고
더 깊은 호수에는 궁전이 자리 잡고

호수 속에서는 누구나 가면을 벗어야 한다
호수 속에서는 누구나 망각의 옛길을 걸어가야 한다
나는 늘 호수의 향기에 취해
길을 잃었다

길 잃고 헤매다보니 백장미 한 송이
늪에 빠져 울며 몸부림치고 있어
손을 내밀었다. 허나 그 장미
몸부림치면 칠수록 점점 더 깊은 늪 속으로 아스라
이 빠져들어 갔다

어둠이 내리면 도시의 콘크리트 더미에 기생하는 늪
들이 눈을 뜬다

보라, 오늘도 도시의 그늘진 곳에서 피어나
야릇한 미소를 흘리고 있는 붉은 호수,
저 붉은 늪
내가 한때 참새 되어
방앗간처럼 헤엄쳐 다니던 길

구원의 길

내 앞에 구원의 길 보이지 않아도
난, 절망하지 않으리
나는 인간이었고
지구상에 발붙임한 어느 생명체보다
크낙한 복을 누려왔으므로
허기진 배를 움켜쥐고 눈보라치는 산속을 헤매다
죽어가는 들짐승은 아니었으며
폭풍우 치는 밤 풀숲에서 오들오들 떨고 지새우는
가엾은 새들은 아니었으며
언 몸 녹일 수 있는 따뜻한 방 있고
입고 벗을 옷 있고
일해서 얻은 식량 있고
두 발로 어디든 자유롭게 갈 수 있으므로
설령 나에게 구원의 불빛 보이지 않아도
이 지상의 삶으로 모든 것 끝난다 할지라도
난, 절망하지 않으리
나는 인간이었고
지구상 어느 생명체보다 크낙한 복 누리다 가므로

꽃 속에 들어가

업장으로 얽힌 세상 떠나던 날
풍진에 젖은 이 몸
꽃향기에 씻고
나, 잠들어라
봄이면 화사한 살구꽃에 묻혀
여름이면 능소화 꽃그늘에 누워
국화향기 그윽한 가을날엔 꽃향기에 취해
눈 내리는 겨울날엔 붉은 동백꽃 속에 들어가
나, 잠들어라
운명이라 해도
받아들이기 힘든 고뇌의 날들
마음 놓고 울 수조차 없어 헛헛한 웃음
늘 시린 하늘 향해 날려 보낸 채찍질 세월
회한도 미련도 뒤란에 묻어두고
그날이 오거든
나, 이제는 곤히 잠들어라
꽃 속에 들어가
꽃그늘에 묻혀

루이사

루이사,
루푸스를 품고
살아가야 하는 사람들이 모여
저마다 아픈 사연을 노래하는 곳
르푸스,
어디서 왔는지
무슨 사연으로 왔는지
어째서 내게로 왔는지도 모른 채
때로는 한탄하고
때로는 눈물지으며
루푸스를 그림자처럼 데리고 한평생
살아가야 하는 사람들
아주 버리지 못할 아픔이기에
옹이 도려내듯 내쳐 버리지 못할 아픔이기에
안으로 안으로 다독거리며
힘든 고갯길을 쉬엄쉬엄 넘어가야 하는
사람들이 모여
저마다 아픈 사연을 노래하고, 건강을 기도하고

파릇한 새싹을 한 움큼씩 안아 가는 곳
사랑의 교실 루이사

* 루푸스를 이기는 사람들의 모임(루이사)에 이 시를 바침.

아픔으로 피는 꽃

진주조개는 여린 살 속에 박힌 옹이의 아픔
참으며 수많은 날들 기다림 끝에
눈부신 보석을 탄생시킵니다

연꽃은 무더운 여름날 진흙탕 속 깊숙이 뿌리 뻗고
한 치 앞도 보이지 않는 흐린 물속에서
오묘한 진리의 꽃봉오리를 피워 올립니다

보세요!
알알이 영롱한 빛 머금은 석류는
폭풍우 치는 날들 견디어내고
이제 억제할 수 없는 기쁨으로 터집니다

초겨울 눈발 날리는 속에서도 금은화*는 피어
끈질긴 생명력에 불을 붙여
꺼지지 않는 불굴의 등불 밝혀 줍니다

언제나 내 가슴 깊은 곳에 피어 있는

시들지 않는 꽃 한 송이
아픔의 꽃망울로 피어나는 꽃

* 금은화 : 인동忍冬의 속명.

꽃잎 하나에

시안, 인생이 하찮은 것이라
절망하지 마십시오
한 송이 꽃봉오리 터질 때에도
빛과 바람의 도움이 필요하듯
한 사람의 탄생에도
우주의 지성한 뜻 깃들어 있어요

한 송이 꽃 질 때도
그냥 지는 것 아니라
별님과 달님의 아픔 배어 있듯
어느 한 사람이 목숨 거둘 때에도
슬퍼하는 건 부모형제만 아니라
벗과 친지들만 아니라
그가 뛰놀던 고향 산천
그가 속했던 사회의 아픔이 배어 있어요

시안, 세상살이 뜻대로 풀리지 않는다고
함부로 내던지지 마십시오

우리들 생애에는
알 수 없는 우주의 운행이 깃들어 있어요

망각의 강

세월의 강가에 앉아
흐르는 세월을 바라보면
슬픔은 기쁨의 강물과 어우러져 흘러가네
기쁨은 슬픔의 강물과 어우러져 흘러가네
아득히 먼 강으로 흘러 아물아물 사라져 가네
어머니 돌아가실 적 땅이 꺼지던 슬픔도
아버지 돌아가실 적 하늘이 무너지던 슬픔도
출렁이는 강물에 어우러져 흘러가고
베갯머리 적시던 설움의 밤들도
가물거리는 먼 강江줄기처럼 설핏한 기억으로 남아 있네
사랑 그리고 죽음보다 괴롭던 이별의 날들도
멀리멀리 사라져 갔네
강물은 가파른 기억의 골짜기를 휘돌아
아픈 기억의 무리를 이끌고 먼 망각의 바다로
흘러가 아픈 흔적을 지우네
그리고 아름다운 물무늬를 반짝거리네

오늘 우리가 이렇게 환하게 웃을 수 있음은

은혜로운 망각의 강 있음이네

아파요, 살려 주세요

깊어 가는 가을 숲에서는
날카로운 비명소리 들린다
쿵, 따악—
아파요! 아파요! 때리지 마세요
저에게 무슨 죄가 있습니까
고생고생 끝에 자식들 잘 키워 출가시키고
설익은 자식, 미리 길 떠나보낼 수 없어
아직 품 안에 껴안고 있는데
무슨 죄가 있습니까
쿵, 따악—
아이쿠, 아파요
제발 때리지 말고 말로 하세요
나머지 자식들 며칠 후 곧 떠나보낼게요
조금만 더 기다리세요

깊어 가는 가을 숲에선
처절한 비명소리 들린다
쿵, 따악—

으악! 상수리나무 죽어 가요
쿵, 따악—
으악! 도토리나무 죽어 가요

디. 디. 티

한강 잉어들은 정소精巢가 없는 고자들뿐이래
　디. 디. 티
남해 바다 우렁쉥이는 암수를 한 몸에 지니고 있어
　　　스멀스멀스멀
가거도 들쥐들은 새끼를 밸 수 없는 불임환자들이래
　　　　　디. 디. 티
암수 양성兩性을 가진 인간들이 태어나기 시작했대
　　　　　　　수군수군수근
세상은 이제 혼돈의 길로 가고 있어
다양한 종種은 막을 내릴 거야
　　　　　　　　　슬금슬금슬금
인간들은 머지않아 지구에서 자취를 감추게 될 거야
다른 뭇 생명을 짓밟고
지칠 줄 모르는 욕망으로 시커먼 폐기물을 쏟아내고
마약을 만들고 에이즈를 퍼뜨려
샛별보다 아름다운 지구를 황폐화시켰으니까
끈질긴 우리의 힘으로 밀어낼 거야
　디. 디. 티　디. 디. 티

우리에게 저주받을 파괴력을 부여해 준 인간들에게
그 빚을 앙갚음할 거야
　디. 디. 티…… 디. 디. 티…… 디. 디. 티……

오늘 아침 우리 식탁에서
문전옥답에서
산, 강, 바다에서
이 시각도 복수의 창칼을 치켜든 DDT,
다이옥신dioxin들의 꿈틀~꿈틀거림

그리움 때문

파도에 부딪쳐 반짝이는 햇살도
미루나무 잎새의 열렬한 팔랑거림도
붉게 물든 저녁놀의 비장함도
그 가슴 떨림의 근원은
마음 한구석 끈이 외로운 연못에
맞닿아 있기 때문

허허벌판에 눈송이 날릴 때
고적한 산사에서 홀로 낙엽 밟을 때
하염없이 내리는 빗속을 홀로 거닐 때
그 정처 없는 발걸음 근원은
마음 한쪽에 타다 남은 그리움 때문

외로움은 허허한 공간
그리움은 만날 수 없는 먼 곳 애린의 바다

인연

우리, 오늘 이별을
영원한 것이라 말하지 말자
하얗게 꽃등 켜고 밤을 밝히던 목련이
인연 다하고 나면
바람 한 점 없이 청명한 날에도
한 잎 두 잎 꽃잎을 버리듯
떨어진 꽃잎은 우주로 회귀해 흔적 없듯
이승에서 사람으로 인연 다하고 나면
어느 우주의 한 곳으로 돌아가
우주 어디쯤에서 다른 얼굴로
우리 서로 다시 만나지 않으랴
영원한 삶이란 없는 것이며
또한 항상 있는 것이므로
우리 지금 이별을
영원한 것이라 너무 아프게 새기진 말자

영종도는 없다

영종도가 통째로 무너지고 있다
무자비한 전기톱날에 목이 잘려 나가고
처절한 아픔에
에엥, 엥, 엥
울음도 아닌 절규를 토해내고 있다
주산主山인 백운산의 무르팍이 까지고
송산이 허리춤까지 벗겨지고
용수말이 알몸으로 훌렁 까발려져
황토빛 맨살을 드러내고 있다
봄동 캘 때면 날아오던
호랑지빠귀
배꽃 필 때면 날아오던
후투티
대대로 물려받은 보금자리
흔적 없어지니
길 잃고 어디로 갈까
무시무시한 콘크리트 괴물들이
곧 이 섬을 점령하리라, 군림하리라

세월의 강물

콘크리트 더미에서 태어나
발바닥에 흙 한 번 묻히지 아니하고
아스팔트 골목에서 놀아 온
우리 아이들
어찌
별빛 쏟아지는 한여름 밤 하늘을 기억하고
시냇물에서 멱 감고 물고기 쫓아다니던 날들을
추억하겠는가
수많은 세월의 강물이 소용돌이쳐 흘러가고
흘러간 강물은 되돌아오지 않는데
쌀이 없으면
라면 먹으면 될 것 아니냐고 반문하는 우리네 어여
쁜 공주님께서,
어찌, 쉬고 쉬면서 힘겹게 넘었던 보릿고개를
상상이나 하겠는가
우리들 세대는
아득히 멀리 강물 따라 아물아물 흘러가고
우리 아이들 세대는

오색으로 물들인 머릿결에 유니섹스 차림으로
인스턴트 사랑을 흥얼거리며
건들건들 댄스 음악에 발맞춰 밀려오는데

따오기

따오기는 어디 갔을까?
고향의 뒷동산은
예나 지금이나 푸르러 靑靑

예닐곱 살 무렵
동네 형들 따라 뒷동산에 올라
하늘 높이 뻗친 소나무 가지 끝에 둥지 튼
따오기 알 내리려
용을 쓰고 오르던 그 소나무
아직도 푸르고 푸르러 靑靑

고향 떠난 뒤
기다림과 기다림의 세월 흘러
꿈속에선가 어렴풋 나타났다 사라지는
그 따오기
모처럼 고향 찾아온 날이면
희미한 노랫가락 어디선가 들리는 듯
따옥 따옥 따오기……

홀리는 듯

어디선가, 꿈꾸는 듯

고목古木나무

땅끝 고향 마을에는
나이를 알 수 없는 은행나무 고목 있어
내가 태어나 지금까지 살아온 모습을 지켜보고
아버지의 일생을,
할아버지의 할아버지 그 한평생을
나무의 가슴에다 기록하고
내가 일 년에 한두 번쯤 고향을 찾을 때
그 나무 앞을 지나다 목례를 하면
"오냐, 내 강아지 잘 있었느냐"
"어서 오너라" 하며 거친 거북손 내밀지요
한 집, 두 집 마을 떠나 도시로 가 버린 사람들 늘어
나더니
재 너머 동네에는 허물어진 돌담, 집터만 남아
폐허가 되어 버렸습니다
그래도 은행나무는 고향 마을을 지키며
유구한 세월을 쓸어안고
마을에 새 생명이 태어나는 기쁨,
한 목숨이 숨 거두는 슬픔, 무심한 듯 지켜보지요

하지만 은행나무는 깊은 밤 얼마나 자주 눈물 훔쳤을까
또 날이 새면 아무 일 없는 듯이
새들이 쉬고 갈 보금자리를 마련해 주고
크낙한 그늘을 퍼뜨려 사람들을 쉬어 가게 하지요

기다림

기다림은
집 나간 자식 기다리는 어미의 가슴속에만 있는 것
아니다
토라진 연인을 기다리는 휴대폰 속에
기다림은 입원실 환자의 퇴원날짜 꼽는 손가락 속에
감옥소에 갇힌 죄수의 출소날짜 속에
기다림은 제대명령 받은 병사의 군화 속에
기다림은 수험생의 명단 속에
어릴 적 소풍날짜 속에
기다림은 추석 무렵 영글어 가는 달 속에
기다림나무가 자라듯 기다림 속에서
우리가 자라 왔고
이제 다시 또 기다림 속의 삶
의사는 환자를 기다리고
장의사는 죽을 자를 기다리네
상점에선 사러 올 손님을 기다리네
기차는 탈 사람을 기다리고
기다림에 늙은 나무가 황혼녘 언덕에 서서

울긋불긋한 옷으로 갈아입고
바람에 날리다

흔적 없이 흩어져 버리는 날에
본래 면목으로 돌아와 입적入寂하듯
우리네 삶 또한
기다림 속에서 태어나
기다림 속에서 먼 길 떠나가네

옛 집

옛 집을 들여다본다
낮게 주저앉은 돌담 너머
본채는 초가지붕이 기와지붕으로 바뀌었고
사랑채가 있던 자리엔 나락 건조장이 세워졌다
텃밭에 커다란 연자방아 초석礎石은 간 곳 없는데
사립 옆 가죽나무는 그대로이고
뒤란의 감나무, 앵두나무, 살구나무는 그대로이고
담 너머 동백나무 동백꽃은 핏빛 머금어 피어 있다
살구나무 살구꽃은 만발해서 대낮을 환하게 밝히고
있다
사립 앞 기웃거려도 인기척 없고
이름 모를 박 아무개 문패가 걸려 있어라
오랜 세월 떠돈 이방인 알아볼 이 있을까만
잃어버린 세월 더듬거리며 살며시
넘어다보는 옛날 옛 집
꿈속의 집

꽃의 의미

꽃이 아름다운 건
쉬이 지기 때문
사랑이 더욱 애틋한 건
이별의 날 다가오고 있기 때문
그리움이 더욱 깊어지는 건
만날 수 없는 날들 때문
시들지 않는 꽃은 꽃 아니듯
이별 없는 사랑은 없듯
그리움 없이 만남은 만남 아니듯
이별을 너무 아파하지 마세요
아픔 없이 피는 꽃은 꽃 아니듯
시련 모르는 인생은 인생 아니듯

겨울 꽃나무

세밑에
시집 한 권 샀다
『꽃잎의 말로 쓴 편지』
몇 편 못 읽다 책을 덮다

편편이 아픔으로 핀 꽃들
구구절절이 내 아픔으로 다가와
더 이상 책장을 넘길 수 없다

며칠 후 다시 시집을 열다
기쁨과 슬픔의 미학
회한과 반성의 미학
표현할 수 없어 끙끙 앓아 오던
내 안에서 곰삭은 병마가 한꺼번에 치유되는
쾌감을 얻다

어쩌면 그토록 예쁜 꽃으로
아픔을 꽃피울 수 있는지

어쩌면 그리도 맑은 샘물로
영혼을 씻어 주는지
흰 눈밭에 핀 붉은 꽃잎들
한파로 꽁꽁 언 땅에 꽃불 밝히네